4
PRIMAIRE

Vaincre

NOMBRES ET OPÉRATIONS

JANNIQUE KOEKS • JOSEPH MAQUOI

Érasme

Vaincre Nombres et opérations - 4

Érasme SA - Place Baudouin Ier, 2 B - 5004 Namur

Directeur de collection : Joseph Maquoi
Auteurs : Jannique Koeks, Joseph Maquoi
Éditrice : Amélie Ménard
Suivi éditorial : Louisa Constant
Maquette : Charlotte Jansen
Mise en pages : Christine Van Beers
Illustrations : Delphine Berthier

www.editionserasme.be/vaincre

978-2-87438-370-0
D/2015/0132/51
EB4628-4/122014

Table des matières

1. Arrondis chacun des nombres suivants à la centaine la plus proche.

358 → .... 148 → ....

761 → .... 624 → ....

323 → .... 888 → ....

507 → .... 112 → ....

2. Effectue les opérations suivantes.

Nombre	200	410	150	560	775
+ 225					

Nombre	335	450	675	230	1 000
− 225					

3. Pour chacun des nombres ci-dessous, indique par une croix si le chiffre 7 représente les centaines, les dizaines ou les unités.

	37	734	374	77	347	747	774
Centaines							
Dizaines							
Unités							

4. Range les nombres suivants du plus petit au plus grand.

521	706	503	107	202	627	500	170

.... < .... < .... < .... < .... < .... < .... < ....

5. Effectue mentalement les calculs suivants.

a)

340 + 60 =	268 + 80 =	470 − 80 =
730 + 270 =	390 + 81 =	470 − 280 =
442 + 258 =	600 − 230 =	470 − 281 =

b)

7 x 6 =	54 : 6 =	8 x 9 =
70 x 6 =	540 : 6 =	8 x 90 =
7 x 60 =	540 : 60 =	720 : 9 =

6. Résous ces deux calculs.

$$\begin{array}{r} 456 \\ +\ 318 \\ \hline \end{array}$$

$$\begin{array}{r} 972 \\ -\ 198 \\ \hline \end{array}$$

1. Écris le nombre qui est représenté dans l'abaque en chiffres.

Million	Centaine de mille	Dizaine de mille	Mille	Centaine	Dizaine	Unité
	•••	••	•••••	•	•••	

Nombre obtenu : ....

2. Voici un nombre : 302 029. Dessine les points représentant ce nombre dans l'abaque.

Million	Centaine de mille	Dizaine de mille	Mille	Centaine	Dizaine	Unité

3. Dans chaque rangée, entoure l'écriture chiffrée correcte.

Trois-cent-vingt-mille-quatre-cent-douze	32 412	320 412	3 204 012
Deux millions cent-onze-mille-cent-quatre-vingt-deux	2 111 082	211 182	2 111 182
Trois millions trois-cents	3 300 300	3 300 000	3 000 300

4. Réponds aux questions suivantes sur le nombre 124 791.

Que devient ce nombre quand on lui retire trois centaines ? ....

Que devient ce nombre quand on lui ajoute trois centaines ? ....

Que devient ce nombre quand on lui retire une unité ? ....

Que devient ce nombre quand on lui retire une centaine de mille ? ....

5. Utilise les chiffres suivants pour réaliser ces trois exercices :

9	0	4	3	1

Écris le plus grand nombre possible : ....

Écris le plus petit nombre possible : ....

Écris le nombre le plus proche de 50 000 : ....

6. Utilise les trois mots suivants pour réaliser ces deux exercices : *trois – vingt – mille*.

a) Écris, dans l'abaque, le plus grand nombre possible en chiffres.

Million	Centaine de mille	Dizaine de mille	Mille	Centaine	Dizaine	Unité

b) Écris, dans l'abaque, le plus petit nombre possible en chiffres.

Million	Centaine de mille	Dizaine de mille	Mille	Centaine	Dizaine	Unité

7. Utilise les quatre mots suivants pour réaliser ces deux exercices : *cinq – trente – cent – mille*.

Écris le plus grand nombre possible en chiffres : ....

Écris le plus petit nombre possible en chiffres : ....

Le nombre 25,6 se lit :
vingt-cinq virgule six ou *vingt-cinq unités et six dixièmes.*

Le nombre 25,62 se lit :
vingt-cinq virgule soixante-deux ou *vingt-cinq unités et soixante-deux centièmes* ou *vingt-cinq unités six dixièmes et deux centièmes.*

8. Écris ces nombres décimaux dans l'abaque.

24,92	318,57	3,23	17,08

centaine	dizaine	unité	dixième	centième

9. Complète ce tableau.

Écriture chiffrée	Écriture en lettres
14,2	Quatorze unités et deux dixièmes
34,5	
	Cinq unités et trente-cinq centièmes
8,09	

1. Observe les nombres suivants :

2 396	3 003	6 300	5 022	2 999	2 673	5 018	21 744	209 472

a) Colorie les nombres ci-dessus situés entre 2 300 et 5 020.

b) Écris dans l'ordre croissant (du plus petit au plus grand) les nombres situés entre 2 673 et 6 300.

2 673 < .... < .... < .... < .... < 6 300

2. Utilise les chiffres dans les voiles des bateaux pour réaliser les deux exercices ci-dessous.

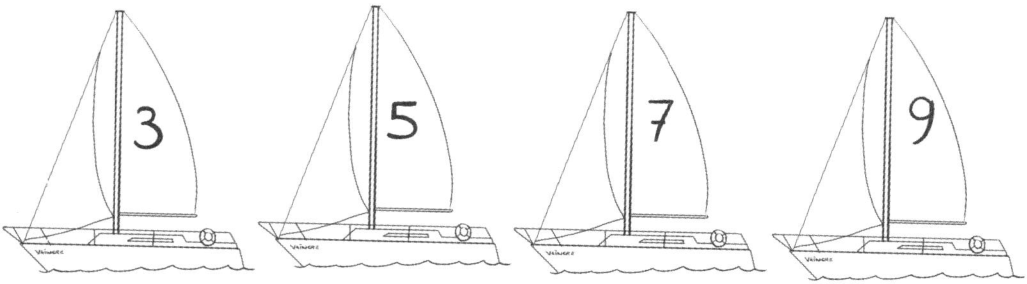

a) Écris six nombres différents de quatre chiffres. Utilise chaque chiffre donné une seule fois.

....

....

b) Range les six nombres obtenus dans l'ordre décroissant (du plus grand au plus petit).

.... > .... > .... > .... > .... > ....

1. Relie chacun de ces nombres à sa place sur les droites graduées.

a) 20 000 • 150 000 • 210 000 • 390 000 • 560 000 • 590 000 •

b) 299 907 • 299 917 • 299 923 • 299 931 • 299 949 • 299 955 •

2. Complète les séries suivantes.

5 555	6 666	7 777		

5 005	6 016	7 027		

1. Effectue rapidement ces additions.

a) 100 =	**b)** 1 000 =	**c)** 10 000 =	**d)** 100 000 =
36 + ...	360 + ...	7 200 + ...	72 000 + ...
68 + ...	680 + ...	6 300 + ...	63 000 + ...
83 + ...	830 + ...	5 500 + ...	55 000 + ...
45 + ...	450 + ...	8 300 + ...	83 000 + ...
27 + ...	270 + ...	7 400 + ...	54 000 + ...

2. Voici de grands nombres ! Écris les réponses de ces calculs.

600 000 + 90 000 + 7 000 + 500 + 80 + 2 = ...

60 000 + 9 000 + 700 + 50 + 8 = ...

3. Observe ce tapis de décomposition. Complète ensuite le tableau sous le tapis.

<table>
<tr><td colspan="3">a</td></tr>
<tr><td colspan="2">b</td><td>c</td></tr>
<tr><td>d</td><td colspan="2">e</td></tr>
</table>

a	**b**	**c**	**d**	**e**
480	240		120	
	5 600			
		42 000		
			14 000	
				60 000

4. Réalise les exercices suivants en rapport avec le carré de 1 dm² ci-dessous.

a) Si le plus petit carré vaut 100, que vaut une rangée de 10 plus petits carrés ?

10 x 100 = ...

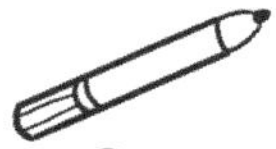

b) Colorie un carré de 100 tout petits carrés en bleu. Que vaut ce carré colorié en bleu ?

100 x 100 = ...

c) Une rangée complète vaut 100 000. Colories-en une en vert.

d) Combien y a-t-il de rangées de 100 000 ?

Il y a .... rangées de 100 000, soit 1 000 000 (un million).

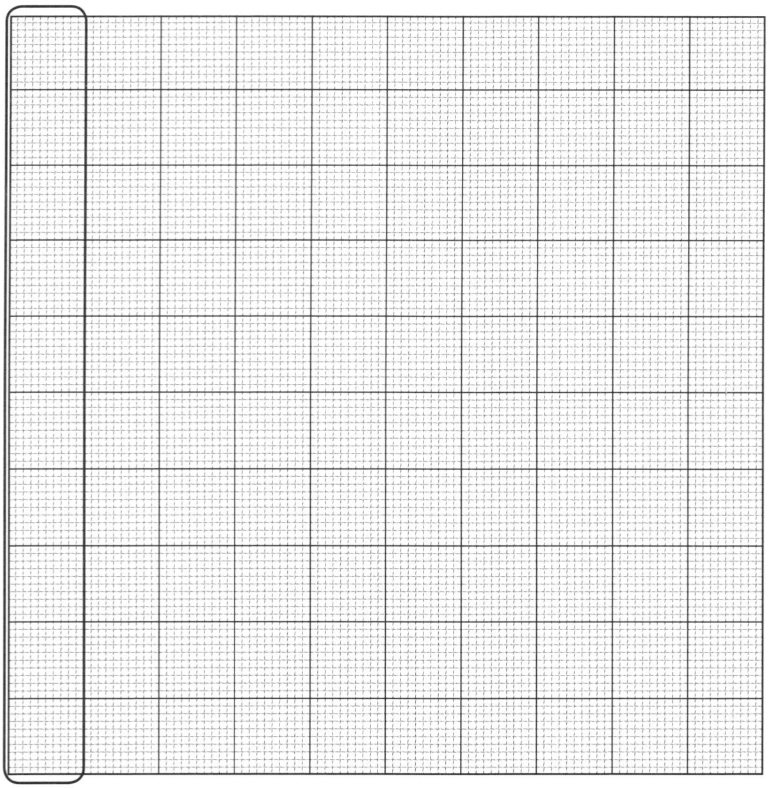

Le tableau du million

10 000	10 000	10 000	10 000	10 000	10 000	10 000	10 000	10 000	10 000
10 000	10 000	10 000	10 000	10 000	10 000	10 000	10 000	10 000	10 000
10 000	10 000	10 000	10 000	10 000	10 000	10 000	10 000	10 000	10 000
10 000	10 000	10 000	10 000	10 000	10 000	10 000	10 000	10 000	10 000
10 000	10 000	10 000	10 000	10 000	10 000	10 000	10 000	10 000	10 000
10 000	10 000	10 000	10 000	10 000	10 000	10 000	10 000	10 000	10 000
10 000	10 000	10 000	10 000	10 000	10 000	10 000	10 000	10 000	10 000
10 000	10 000	10 000	10 000	10 000	10 000	10 000	10 000	10 000	10 000
10 000	10 000	10 000	10 000	10 000	10 000	10 000	10 000	10 000	10 000
10 000	10 000	10 000	10 000	10 000	10 000	10 000	10 000	10 000	10 000

5. Continue cette série jusqu'à 1 000 000.

100 000, 200 000, 300 000, ..., ..., ...,
.................., ..., ..., 1 000 000

6. Colorie, dans le tableau du million, les cases nécessaires pour obtenir 570 000.

7. Complète ces additions pour obtenir chaque fois 1 000 000.

570 000 + 430 000 — 650 000 + ...

870 000 + ... — 900 000 + ...

890 000 + ... — 990 000 + ...

1. Complète ces tableaux d'exercices sur le double et la moitié d'un nombre.

Nombre	4 200	4 250	4 750	4 800	7 800	78 000
Double						

Nombre	4 200	4 250	4 750	4 800	7 800	78 000
Moitié						

2. Réponds à ces questions sur les multiples.

a) Quel est le multiple de 100 le plus proche de…

870 ? .... 378 ? .... 4 623 ? .... 52 341 ? ....

b) Quel est le multiple de 1 000 le plus proche de…

7 546 ? .... 346 018 ? ....

32 499 ? .... 129 642 ? ....

3. Voici tous les diviseurs de 36 :

Div. 36 = { 1, 2, 3, 4, 6, 9, 12, 18, 36 }

À ton tour : recherche tous les diviseurs de 48 et 72.

Div. 48 = { 1, 2, 3, 4, ..., ..., ..., ..., ..., 48}

Div. 72 = { 1, 2, 3, 4, ..., ..., ..., ..., ..., ..., 72}

4. Écris les nombres suivants à la place qui convient dans les ensembles ou à l'extérieur de ceux-ci :

24	48	75	84	160	162	360

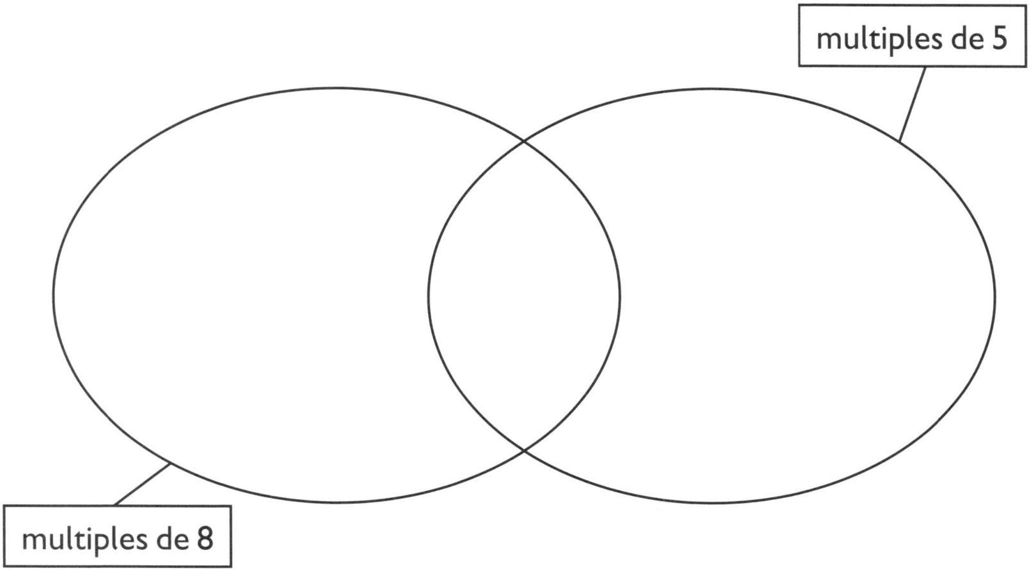

5. Relie chaque élément de la première colonne à l'élément de la deuxième colonne qui convient.

Multiple de 10 •	• Nombre terminé par 0 ou 5
Multiple de 2 •	• Nombre terminé par 0
Multiple de 5 •	• Nombre terminé par 0, 2, 4, 6, 8
Multiple de 4 •	• Nombre terminé par 00, 20, 40, 60, 80
Multiple de 50 •	• Nombre terminé par 00 ou 50
Multiple de 20 •	• Nombre dont les deux derniers chiffres constituent un multiple de 4

1. Effectue ces additions de 0 à 1 000 000.

a)

8 765 + 50 = ... 8 765 + 500 = ... 8 765 + 5 000 = ...

8 765 + 40 = ... 8 765 + 400 = ... 8 765 + 4 000 = ...

8 765 + 30 = ... 8 765 + 300 = ... 8 765 + 3 000 = ...

8 765 + 150 = ... 8 765 + 1 500 = ... 8 765 + 15 000 = ...

8 765 + 250 = ... 8 765 + 2 500 = ... 8 765 + 25 000 = ...

b)

135 000 + 135 000 = ... 323 000 + 437 000 = ...

72 000 + 628 000 = ... 222 000 + 478 000 = ...

707 000 + 104 000 = ... 333 000 + 99 000 = ...

2. Effectue ces soustractions de 0 à 1 000 000.

a)

8 765 – 50 = ... 8 765 – 500 = ... 8 765 – 5 000 = ...

8 765 – 40 = ... 8 765 – 400 = ... 8 765 – 4 000 = ...

8 765 – 30 = ... 8 765 – 300 = ... 8 765 – 3 000 = ...

8 765 – 150 = ... 8 765 – 1 500 = ... 8 765 – 2 999 = ...

8 765 – 250 = ... 8 765 – 2 500 = ... 8 765 – 999 = ...

b)

10 000 – 9 = ... 1 000 000 – 99 = ...

10 000 – 99 = ... 1 000 000 – 999 = ...

10 000 – 999 = ... 1 000 000 – 99 999 = ...

100 000 – 9 = ...

100 000 – 99 = ...

100 000 – 999 = ...

3. Additionne et soustrais les nombres à virgule.
Transforme le calcul donné en un calcul plus facile.
Attention, la réponse reste la même pour les trois calculs.

….. + 5 = …..	….. + ….. = …..	….. + 9 = …..
6,8 + 5,4 = …..	**4,9 + 8,3 = …..**	**11,1 + 8,6 = …..**
7 + ….. = …..	5 + ….. = …..	11 + ….. = …..
7 + ….. = …..	33 + ….. = …..	143 + ….. = …..
6,7 + 12,8 = …..	**32,9 + 50,2 = …..**	**142,8 + 207,3 = …..**
….. + 13 = …..	….. + 50 = …..	….. + 207 = …..
….. + ….. = …..	….. + ….. = …..	….. + ….. = …..
8,9 + 2,4 = …..	**15,7 + 22,4 = …..**	**79,8 + 30,1 = …..**
….. + ….. = …..	….. + ….. = …..	….. + ….. = …..

4. Complète ces égalités.

97,8 + 13,4 = 100 + …..

34,5 + 29,7 = ….. + 30

97,8 − 13,4 = 100 − …..

34,5 − 29,7 = ….. − 30

5. Observe ces exemples afin de comprendre comment soustraire un nombre à virgule.

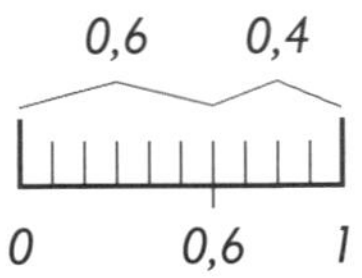

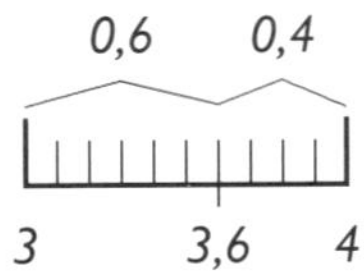

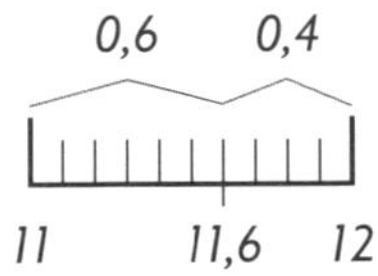

0 + 0, 6 = 0,6

1 − 0,4 = 0,6

3 + 0,6 = 3,6

4 − 0,4 = 3,6

11 + 0,6 = 11,6

12 − 0,4 = 11,6

a) Complète ces calculs.

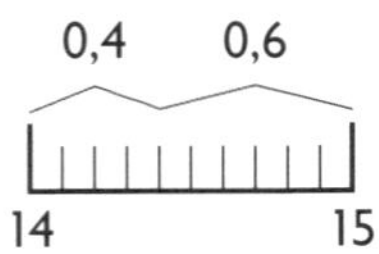

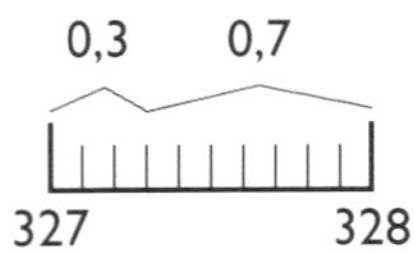

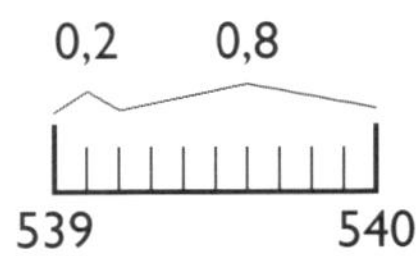

14 + ... = ...

15 − .... = ...

327 + ... = 327,3

328 − .... = 327,3

539 + ... = 539,2

540 − .... = 539,2

b) Effectue ces opérations.

18 − 1,4 = ...

180 − 11,4 = ...

19 − 1,3 = ...

190 − 11,3 = ...

17 − 1,6 = ...

170 − 11,6 = ...

6. Voici deux jeux de loto des nombres. Relie les cartons des opérations au résultat qui convient sur la planche de jeu.

a) Loto des nombres entiers

5 335 + 3 775

6 772 − 2 143

9 110	6 977	4 629
8 679	6 588	1 123

7 890 + 789

3 246 − 2 123

4 054 + 2 923

7 834 − 1 246

b) Loto des nombres décimaux

242,6 + 14,8

659,9 + 4,7

257,4	320,3	986,6
664,6	372,4	798,8

990 − 3,4

325,6 + 46,8

800 − 1,2

321 − 0,7

7. Découpe le jeu de dominos des nombres décimaux à la page 47. Regroupe les dominos par deux, pour qu'en additionnant les deux cases qui se touchent, tu puisses former le nombre 10.

8. Effectue ces exercices sur les additions écrites.

a) Voici une addition écrite. Résous-la.

	4 627
+	3 198

b) Permute un chiffre du premier nombre avec un chiffre du deuxième nombre pour que le résultat soit plus grand. Effectue l'opération.

+

c) Permute un chiffre du premier nombre avec un chiffre du deuxième nombre pour que le résultat soit plus petit. Effectue l'opération.

+

d) Permute deux chiffres dans le calcul de départ pour que le résultat ne change pas. Effectue l'opération.

+

e) Dispose autrement les chiffres de chacun des deux nombres de départ pour que le résultat soit proche de 10 000. Effectue l'opération.

+

9. Effectue ces exercices sur les additions écrites.

a) Voici une addition écrite. Résous-la.

	462,7
+	319,8
	....

b) Dispose autrement les chiffres des deux nombres de départ pour que le résultat soit proche de 1 000. Effectue l'opération.

	....
+	....
	....

c) Permute deux chiffres dans le calcul de départ pour obtenir le plus grand nombre possible de dizaines dans le résultat. Effectue l'opération.

	....
+	....
	....

d) Permute deux chiffres dans le calcul de départ pour obtenir le plus grand nombre possible d'unités dans le résultat. Effectue l'opération.

	....
+	....
	....

10. Dispose toi-même les nombres et effectue les additions écrites.

2 346 + 377 276,2 + 351,6 6 123,6 + 76,6

11. Trouve et écris les nombres manquants.

	2	7	3	4		2	4	6	5		...	...	...	...
+	...	2	...	9	+	...	...	...	...	+	7	8	2	5
	7	0	2	3		3	9	8	6		9	0	6	4

12. Effectue ces exercices sur les soustractions écrites.

a) Voici une soustraction écrite. Résous-la.

$$\begin{array}{r} 7\,615 \\ -\quad 2\,398 \\ \hline \end{array}$$

b) Permute un chiffre du premier nombre avec un chiffre du deuxième nombre pour que le résultat soit plus grand. Effectue l'opération.

–

c) Permute un chiffre du premier nombre avec un chiffre du deuxième nombre pour que le résultat soit plus petit. Effectue l'opération.

–

d) Permute deux chiffres dans le calcul de départ pour que le résultat soit proche de 4 000. Effectue l'opération.

–

e) Dispose autrement les chiffres des deux nombres de départ pour que le résultat soit proche de 3 000. Effectue l'opération.

–

f) Dispose autrement les chiffres des deux nombres de départ pour que le résultat soit proche de 2 000. Effectue l'opération.

–

13. Effectue ces exercices sur les soustractions écrites.

a) Voici une soustraction écrite. Résous-la.

```
   761,5
−  239,8
________
........
```

b) Permute un chiffre du premier nombre avec un chiffre du deuxième nombre pour que le résultat soit proche de 700. Effectue l'opération.

```
  ........
− ........
__________
  ........
```

c) Dispose les chiffres du premier nombre et les chiffres du deuxième nombre pour que le résultat soit plus grand. Effectue l'opération.

```
  ........
− ........
__________
  ........
```

d) Dispose les chiffres du premier nombre et les chiffres du deuxième nombre pour que le résultat soit plus petit. Effectue l'opération.

```
  ........
− ........
__________
  ........
```

14. Dispose toi-même les nombres et effectue les soustractions écrites.

7 783 − 3 247 | 49,2 − 2,8

15. Trouve et écris les nombres manquants.

```
   2 3 ...            ... 4 ... , 7
−  1 ... 4          −  2 1 8
__________          ______________
  ... 1 7             1 ... 9 , ...
```

Voici un nombre avec trois chiffres différents : 684

Je peux former un second nombre en inversant le premier et le dernier chiffre : 486. Je trouve, par calcul écrit, la différence entre ces deux nombres.

```
  6 8 4
- 4 8 6
-------
  1 9 8
```

Ensuite, je compose un nombre en inversant le premier et le dernier chiffre de la réponse obtenue : j'obtiens 891. J'additionne ces deux nombres.

```
    1 9 8
+   8 9 1
---------
  1 0 8 9
```

16. Observe la méthode ci-dessus. À toi de jouer avec les nombres suivants :

```
  7 4 2        5 6 1        8 5 6
- ______     - ______     - ______


+ ______     + ______     + ______
```

Qu'observes-tu ?

17. Effectue la même démarche à partir de trois autres nombres que tu choisis toi-même.

```
- ______     - ______     - ______


+ ______     + ______     + ______
```

1. Multiplie ces nombres par 10, 100, 1 000.

15 x 10 = ...	15 x 100 = ...	15 x 1 000 = ...
128 x 10 = ...	128 x 100 = ...	128 x 1 000 = ...
0,6 x 10 = ...	0,6 x 100 = ...	0,6 x 1 000 = ...
2,5 x 10 = ...	2,5 x 100 = ...	2,5 x 1 000 = ...

2. Multiplie 24 par trois dizaines, centaines et milliers.

24 x 30 = 24 x 3 x 10 = ...

24 x 300 = 24 x 3 x 100 = ...

24 x 3 000 = 24 x 3 x 1 000 = ...

3. Complète ces opérations comme dans l'exercice 2.

93 x 40 = 93 x .... x .... = ...	6,4 x 60 = 6,4 x .... x .... = ...
93 x 400 = ...	6,4 x 600 = ...
93 x 4 000 = ...	6,4 x 6 000 = ...

4. Combien rapportera la vente de 600 planches de bandes dessinées au prix de 30 € la planche ?

....

....

5. Divise ces nombres par 10, 100, 1 000.

2 300 : 10 = ...	2 300 : 100 = ...	2 300 : 1 000 = ...
4 500 : 10 = ...	4 500 : 100 = ...	4 500 : 1 000 = ...
12 800 : 10 = ...	12 800 : 100 = ...	12 800 : 1 000 = ...
9 900 : 10 = ...	9 900 : 100 = ...	9 900 : 1 000 = ...
600 : 10 = ...	600 : 100 = ...	600 : 1 000 = ...
250 : 10 = ...	250 : 100 = ...	250 : 1 000 = ...

6. Divise ces nombres par trois dizaines, centaines et milliers.

2 400 : 30 = 2 400 : 10 : 3 = ...

240 : 30 = 2 400 : 100 : 3 = ...

24 : 30 = 2 400 : 1 000 : 3 = ...

7. Complète ces opérations comme dans l'exercice 6.

6 300 : 70 = 6 300 : .... : .... = ...

6 300 : 700 = ...

56 000 : 80 = 56 000 : .... : .... = ...

56 000 : 8 000 = ...

4 800 : 60 = 4 800 : .... : .... = ...

4 800 : 600 = ...

3 500 : 70 = 3 500 : .... : .... = ...

3 500 : 700 = ...

8. Multiplie ces nombres par 9. Observe les procédés de calcul et complète les pointillés.

9 x 13 = (10 x 13) – 13 = ...

9 x 27 = (10 x 27) – .... = ...

9 x 17 = ...

9 x 76 = ...

9 x 124 = ...

9 x 236 = ...

9 x 65 = ...

9 x 999 = ...

9. Multiplie ces nombres par 99.

99 x 13 = (100 x 13) – 13 = ...

99 x 27 = (100 x 27) – .... = ...

99 x 17 = ...

99 x 76 = ...

99 x 124 = ...

99 x 236 = ...

99 x 65 = ...

99 x 999 = ...

10. Multiplie ces nombres par 19.

19 x 13 = (20 x 13) – 13 = ...

19 x 27 = (20 x 27) – .... = ...

19 x 17 = ...

19 x 76 = ...

19 x 124 = ...

19 x 236 = ...

19 x 65 = ...

19 x 999 = ...

11. Comment fais-tu pour multiplier par 1 000 sans faire de calcul ?

....

....

12. Selon ta réponse de la question 11, effectue ce calcul en détaillant les étapes.

999 x 45 = ...

....

....

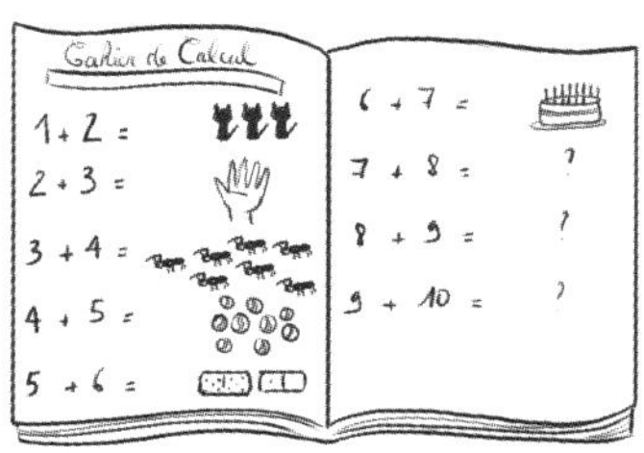

13. Observe cet exemple. Ensuite, complète l'exercice.

7 000 x 0,6

700 x 0,6

70 x 0,6 70 x 6

7 x 0,6 70 x 6

7 x 6 7 x 60

7 x 6

7 x 600

Si 7 x 6 = 42, alors

70 x 0,6 = ... 700 x 0,6 = ... 7 000 x 0,6 = ...

7 x 60 = ... 7 x 0,6 = ... 70 x 60 = ...

14. Complète les deux parties de cet exercice. C'est le même procédé qu'à l'exercice précédent.

.... x 0,9

80 x ....

8 x 9 80 x 90

0,8 x 9 8 x 90

0,8 x 90 8 x ....

.... x 900

.... x ....

Si 8 x 9 = 72, alors

0,8 x 9 = ... 80 x 90 = ... 80 x 900 = ...

0,8 x 90 = ... 8 x 9 000 = ... 0,8 x 9 000 = ...

15. Observe les régularités dans ces calculs et effectue les multiplications.

5 x 12 = ...	15 x 4 = ...	13 x 8 = ...
5 x 120 = ...	150 x 4 = ...	130 x 8 = ...
50 x 120 = ...	150 x 40 = ...	130 x 80 = ...
50 x 1,2 = ...	150 x 0,4 = ...	130 x 0,8 = ...
5 x 1,2 = ...	15 x 0,4 = ...	13 x 0,8 = ...

16. Observe les régularités dans ces calculs et effectue les divisions.

80 : 5 = ...	48 : 4 = ...	56 : 7 = ...
800 : 5 = ...	480 : 4 = ...	560 : 7 = ...
8 000 : 50 = ...	4 800 : 40 = ...	560 : 70 = ...
8 : 5 = ...	4,8 : 4 = ...	5,6 : 7 = ...
80 : 50 = ...	480 : 40 = ...	5 600 : 7 = ...

17. Effectue ces trois multiplications.

1 x 100 = ...	100 x 10 000 = ...	1 000 x 10 = ...

18. Résous, puis compare ces multiplications écrites.

2 7 3 0	2 7 3	2 7 , 3
x 4	x 4	x 4
2 7 3 0	2 7 3	2 7 , 3
x 8	x 8	x 8

Qu'observes-tu ? ....

....

19. Pose et effectue les multiplications écrites suivantes. Ensuite, observe les résultats.

6 x 1 089 7 x 1 089 8 x 1 089 9 x 1 089

Qu'observes-tu ? ....

....

20. Avec seulement cinq chiffres (1, 2, 3, 4, 5), tu peux réaliser les multiplications suivantes. Effectue-les, puis entoure l'opération qui donne le plus grand résultat.

1 2 3	3 2 1	3 2 1	3 1 2	4 2 1	4 3 1
x 4 5	x 4 5	x 5 4	x 5 4	x 3 5	x 5 3
....	....	....	....	....	....

21. Observe la multiplication ci-dessous, à gauche. Ensuite, écris le résultat des deux multiplications à droite.

```
      4 3 6
x       2 7
-----------
   3  0 5 2
+  8  7 2 0
-----------
 1 1  7 7 2
```

7 x 436 = ...

20 x 436 = ...

22. Effectue ces multiplications.

3 x 686 = ...

3 x 1 686 = ...

3 x 21 686 = ...

33 x 686 = ...

33 x 1 686 = ...

33 x 21 686 = ...

23. Voici trois divisions avec le même dividende. Effectue ces divisions écrites sans reste.

dividende → diviseur → quotient

4	8	9	6	6		
4	8			8	1	6
	0	9				
		6				
		3	6			
		3	6			
			0			

4 8 9 6 | 1 2

4 8 9 6 | 2 4

24. Pose ces divisions et effectue-les.

546 : 26 = ……………

9 075 : 15 = ……………

22 428 : 42 = ……………

25. Effectue ces divisions avec reste.

4	2	2	6	2	1	
4	2			2	0	1
	0	2				
		0				
		2	6			
		2	1			
			5			

2 4 9 9 | 1 2

4 2 6 2 7 | 1 8

1. Colorie le dessin en respectant ce code couleurs.

Rouge : 1250,5 — Jaune : 1 350 — Vert : 1 600,8

Bleu : 1 800 — Marron : 2 000,3 — Orange : 2 100

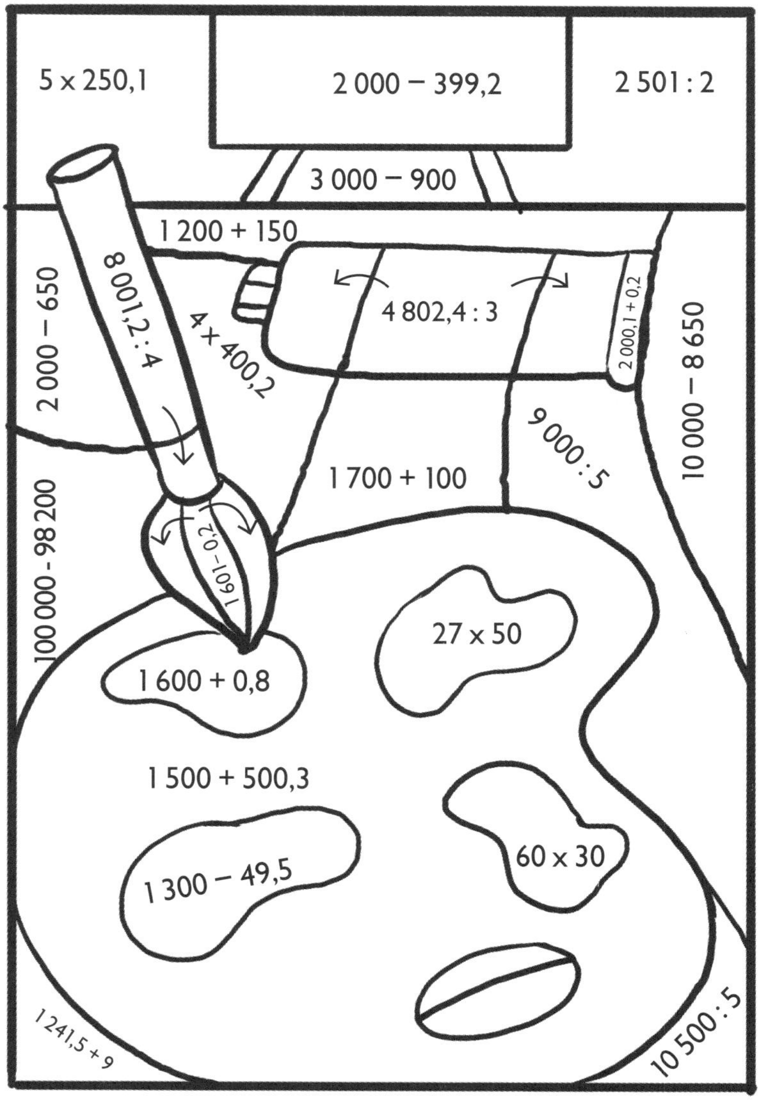

1. Complète la grille des nombres croisés.

Horizontalement
1. Nombre qui précède 4 000.
2. Multiple de 8 compris entre 220 et 280.
3. Nombre composé de trois chiffres identiques.
4. Somme de 2 100 et 2 405.
5. Le quotient de 200 par 4.

Verticalement
A. Le chiffre des centaines est égal au chiffre des unités.
B. Multiple de 5.
C. 929 dizaines.
D. La différence entre 2 000 et 1 906. – La moitié de 110.
E. Le carré de 9.

	A	B	C	D	E
1					■
2	■	■			
3				■	
4					■
5		■	■		

2. Quel est ce nombre mystère ?

Je pense à un nombre de trois chiffres.
Le chiffre des centaines est le double de celui des unités.
Le produit du chiffre des dizaines par celui des unités est égal à 32.

Ma recherche : ……………………………………………………………

……………………………………………………………………………

……………………………………………………………………………

Le nombre mystère est ……………………………………………………

1. Complète les calculs en notant l'estimation (≈) la plus proche du résultat. Tu dois choisir parmi ces nombres :

100	200	500	1 000	1 500	2 000	2 500	3 000	4 000	5 000

3 048 + 1 978 ≈ 5 000 6 300 − 4 478 ≈ .... 9 258 : 6 ≈ ....

778 + 835 ≈ .... 1 148 + 1 872 ≈ .... 784 : 8 ≈ ....

3 672 − 2 999 ≈ .... 327 x 3 ≈ .... 4 x 1 299 ≈ ....

2. Voici un labyrinthe ! Pars de la case départ et, pour rejoindre l'arrivée, procède toujours de cette manière : → ou ↓

Observe le calcul dans la case blanche et ensuite cherche l'estimation la plus proche du résultat dans la case grise. Colorie toutes les cases par lesquelles tu passes.

Départ	1 100	3 000	4 000	16 000
111 x 19	1 972 + 2 327	14 976 : 5	8 946 + 8 888	30 x 478
2 000	4 000	2 700	18 000	100 000
12 031 − 7 988	3 x 991	69 x 390	42 x 25	3 672 : 40
3 000	3 000	28 000	1 000	20 000
61 927 − 54 025	42 000 − 13 892	50 x 142	46787 : 5	5 037 − 3 400
1 000	150	6 000	9 000	1 600
909 : 6	40 x 149	2,9 x 2 900	2 050 − 399	1 773 : 9
200	4 000	6 000	1 500	200
39 x 49	8 521 − 2 178	976 + 652	1 980 : 10	**Arrivée**

1. Ces égalités sur la commutation sont-elles vraies ou fausses ? Trace une croix dans la colonne qui convient. Ensuite, complète la phrase de conclusion.

	Vrai	Faux
10 x 12 x 6 = 12 x 10 x 6		
347 + 29 + 113 = 347 + 113 + 29		
1 490 – 270 = 270 – 1 490		
560 : 8 = 8 : 560		

Ma conclusion : on peut permuter les nombres et obtenir une égalité pour les deux opérations suivantes : .... et ....

2. Regroupe les nombres pour rendre chaque calcul plus facile. Aide-toi des exemples.

Exemple : *352 + 507 + 193 + 248 = (352 + 248) + (507 + 193)*

476 + 573 + 324 + 627 = (............ + ...) + (............ + ...)

465 + 558 + 335 + 642 = ...

Exemple : *25 x 11 x 4 x 9 = (25 x 4) x (11 x 9)*

19 x 40 x 8 x 2,5 = (............ x ....) x (............ x ....)

28 x 4 x 7 x 25 = ...

3. Distribue par l'addition et/ou la soustraction pour rendre ces multiplications plus faciles.

Exemple : *109 x 45 = (100 x 45) + (9 x 45)*
= (110 x 45) − (1 x 45)

98 x 72 = (.......... x ....) − (.......... x ....)

102 x 470 = (.......... x ....) + (.......... x ....)

5 x 4 999 = (.......... x ....) − (.......... x ....)

.... x .... = (9 x 1 000) + (9 x 400) + (9 x 8)

4. Distribue par l'addition et/ou la soustraction pour rendre ces divisions plus faciles.

Exemple : *354 : 6 = (300 : 6) + (54 : 6)*
= (360 : 6) − (6 : 6)

726 : 3 = (600 : ....) + (120 : ....) + (.......... : ....)

1 980 : 9 = (.......... : ....) + (.......... : ....)

71 992 : 8 = (.......... : ....) − (8 : ....)

5. Compense et complète les égalités.

2 475 + 1 280 = 2 500 + ...

2 475 + 1 280 = ... + 1 300

2 475 − 1 280 = 2 500 − ....

2 475 − 1 280 = ... − 1 300

648 x 25 = ... x 100

648 x 25 = 324 x ....

1 600 : 25 = ... : 50

1 600 : 25 = ... : 100

1. Relie chaque problème à son schéma de résolution. Complète chaque schéma.

a) Chaque jour, le pâtissier cuit 180 croissants. Il travaille six jours par semaine. Combien de croissants cuit-il en une semaine ?

b) Lucas collectionne des timbres. Il en a déjà 180. Sa sœur, Émilie, lui en donne six. Combien en a-t-il en tout ?

c) Ensemble, six joueurs ont gagné 180 euros à la loterie. Quelle somme chacun a-t-il gagnée ?

d) L'école du Rond Chêne compte 180 élèves. Six élèves sont absents pour cause de maladie. Combien y-a-t-il d'élèves présents à l'école ?

e) À la plage, Alexis récolte chaque jour six coquillages. À la fin de son séjour, il en possède 180. Combien de jours est-il resté en vacances à la plage ?

1)

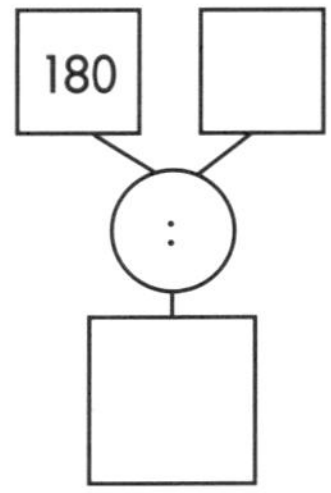

2)

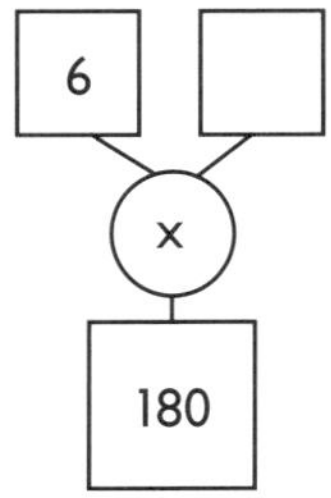

3)

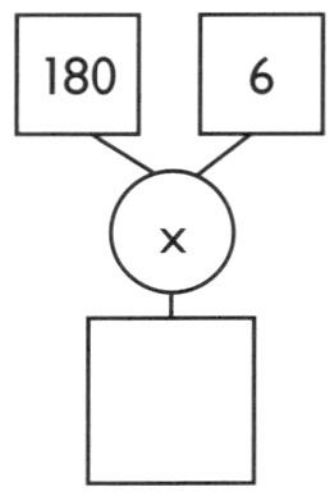

4)

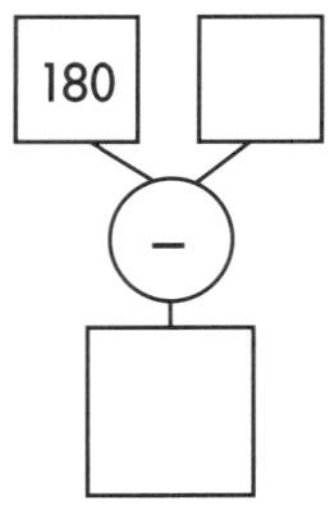

5)

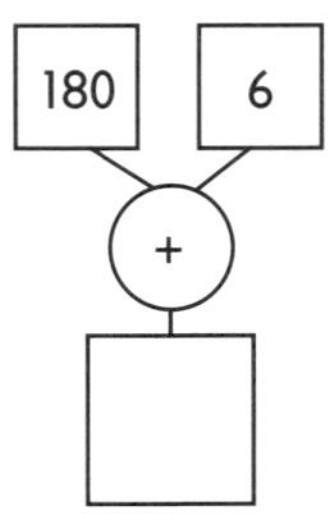

2. Pour chaque problème, complète ou dessine le schéma de résolution qui correspond.

a) Xuan et sa grand-mère ramassent des mirabelles. Elles se partagent les 12 kilos qu'elles ont ramassés. Xuan retourne au verger pour en cueillir trois kilos supplémentaires. Combien de kilos de mirabelles Xuan aura-t-elle en tout pour elle ?

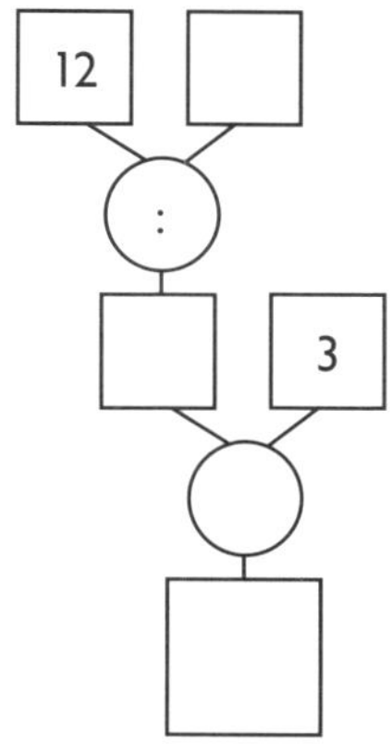

b) Madame Legrand achète deux lampes à 99 euros et un canapé à 1 200 euros. Combien paiera-t-elle en tout ?

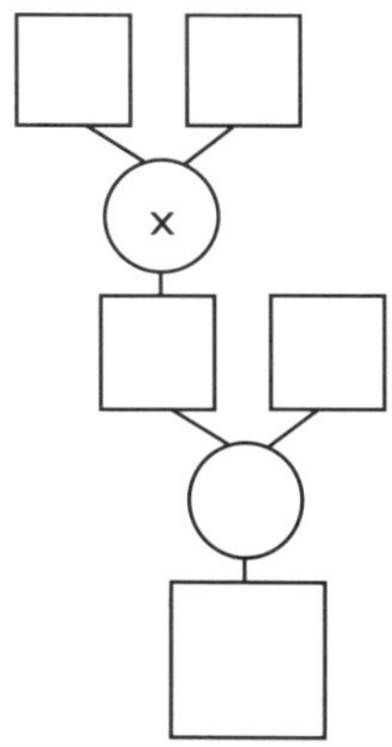

c) Le matin, Noah vient à l'école avec 337 autocollants. À la récréation du matin, il en donne 19 à ses camarades. À la récréation de midi, il en reçoit 23. Avec combien d'autocollants en poche rentrera-t-il chez lui ?

Corrigé

Page 4

1.
400 100
800 600
300 900
500 100

2.

425	635	375	785	1 000

3.

110	225	450	5	775

	37	734	374	77	347	747	774
Centaines		X				X	X
Dizaines			X	X			X
Unités	X			X	X	X	

4.
107 < 170 < 202 < 500 < 503 < 521 < 627 < 706

Page 5

5.
a)
400 348 390
1 000 471 190
700 370 189
b)
42 9 72
420 90 720
420 9 80

6.
774
774

Page 6

1.
325 130

2.

M	CM	DM	UM	C	D	U
	•••		••		••	••••• ••••

3.
320 412
2 111 182
3 000 300

Page 7

4.
124 491 ; 125 091 ; 124 790 ; 24 791

5.
94 310 ; 10 349 ; 49 310

6.
a)

M	CM	DM	UM	C	D	U
		2	3	0	0	0

b)

M	CM	DM	UM	C	D	U
			1	0	2	3

7.
530 000 ; 1 135

Page 8

8.

centaine	dizaine	unité	dixième	centième
	2	4 ,	9	2
3	1	8 ,	5	7
		3 ,	2	3
	1	7 ,	0	8

9.

Écriture chiffrée	Écriture en lettres
14,2	Quatorze unités et deux dixièmes
34,5	**Trente-quatre unités et cinq dixièmes**
5,35	Cinq unités et trente-cinq centièmes
8,09	**Huit unités et neuf centièmes**

Page 9

1.

a) Colorier : 2 396 ; 3 003 ; 2 999 ; 2 673 ; 5 018

b) 2 673 < 2 999 < 3 003 < 5 018 < 5 022 < 6 300

2.

a) 24 possibilités de combinaisons. Exemples : 3579, 3597, 3759, 3795, 3957…

b) Plusieurs réponses sont possibles.

Page 10

1.

a)

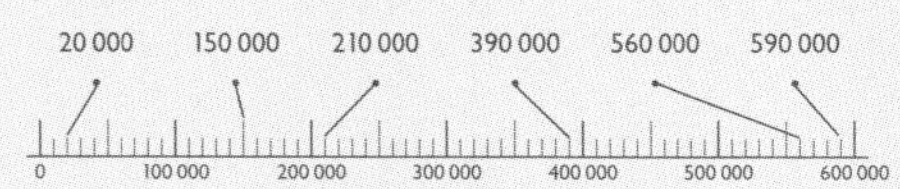

b)

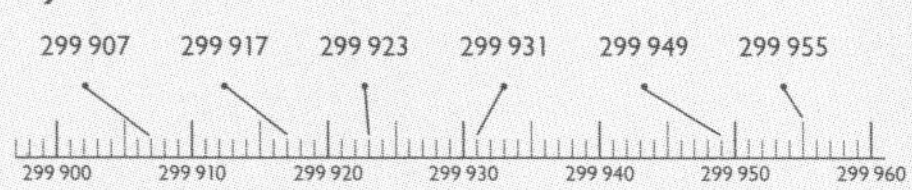

2.

5 555 ; 6 666 ; 7 777 ; **8 888** ; **9 999**

5 005 ; 6 016 ; 7 027 ; **8 038** ; **9 049**

Page 11

1.

a)	**b)**	**c)**	**d)**
64	640	2 800	28 000
32	320	3 700	37 000
17	170	4 500	45 000
55	550	1 700	17 000
73	730	2 600	46 000

2.

697 582

69 758

3.

a	b	c	d	e
480	240	**240**	120	**360**
11 200	5 600	**5 600**	**2 800**	**8 400**
84 000	**42 000**	42 000	**21 000**	**63 000**
56 000	**28 000**	**28 000**	14 000	**42 000**
80 000	**40 000**	**40 000**	**20 000**	60 000

Page 12

4.

a) 1 000

b) Colorier un mm^2

c) Colorier 10 mm^2 (= 1 cm^2)

d) 10 000

e) 10 rangées de 100 000

Page 13

5.

100 000, 200 000, 300 000, **400 000**, **500 000**, **600 000**, **700 000**, **800 000**, **900 000**, 1 000 000

6.

Colorier 57 cases (= 5 lignes complètes + 7 cases)

7.

1re colonne : 130 000, 110 000

2e colonne : 350 000, 100 000, 10 000

Page 14

1.

Doubles : 8 400, 8 500, 9 500, 9 600, 15 600, 156 000

Moitiés : 2 100, 2 125, 2 375, 2 400, 3 900, 39 000

2.

a) 900, 400, 4 600, 52 300

b) 8 000, 32 000, 346 000, 130 000

3.

a) Div. 48 = { 1, 2, 3, 4, **6**, **8**, **12**, **16**, **24**, 48}

b) Div. 72 = { 1, 2, 3, 4, **6**, **8**, **9**, **12**, **18**, **24**, **36**, 72}

Corrigé

Page 15

4.

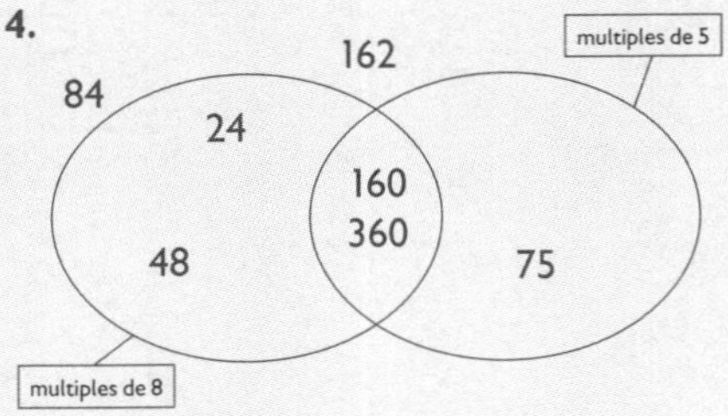

5.

Multiple de 10	Nombre terminé par 0 ou 5
Multiple de 2	Nombre terminé par 0
Multiple de 5	Nombre terminé par 0, 2, 4, 6, 8
Multiple de 4	Nombre terminé par 00, 20, 40, 60, 80
Multiple de 50	Nombre terminé par 00 ou 50
Multiple de 20	Nombre dont les deux derniers chiffres constituent un multiple de 4

Page 16

1.

a)	8 815	9 265	13 765
	8 805	9 165	12 765
	8 795	9 065	11 765
	8 915	10 265	23 765
	9 015	11 265	33 765
b)	270 000	760 000	
	700 000	700 000	
	811 000	432 000	

2.

a)	8 715	8 265	3 765
	8 725	8 365	4 765
	8 735	8 465	5 765
	8 615	7 265	5 766
	8 515	6 265	7 766
b)	9 991	999 901	
	9 901	999 001	
	9 001	900 001	

99 991
99 901
99 001

Page 17

3.

7,2 + 5 = **12,2**	**5,2** + 8 = **13,2**	**10,7** + 9 = **19,7**
6,8 + 5,4 = **12,2**	4,9 + 8,3 = **13,2**	11,1 + 8,6 = **19,7**
7 + **5,2** = **12,2**	5 + **8,2** = **13,2**	11 + **8,7** = **19,7**

7 + **12,5** = **19,5**	33 + **50,1** = **83,1**	143 + **207,1** = **350,1**
6,7 + 12,8 = **19,5**	32,9 + 50,2 = **83,1**	142,8 + 207,3 = **350,1**
6,5 + 13 = **19,5**	**33,1** + 50 = **83,1**	**143,1** + 207 = **350,1**

Plusieurs réponses sont possibles. Par exemple :

9 + **2,3** = **11,3**	**16** + **22,1** = **38,1**	**80** + **29,9** = **109,9**
8,9 + 2,4 = **11,3**	15,7 + 22,4 = **38,1**	79,8 + 30,1 = **109,9**
9,3 + **2** = **11,3**	**16,1** + **22** = **38,1**	**79,9** + **30** = **109,9**

4.

11,2	34,2
15,6	34,8

Page 18

5.

a)

14 + **0,4** = **14,4**   327 + **0,3** = 327,3   539 + **0,2** = 539,2
15 − **0,6** = **14,4**   328 − **0,7**= 327,3   540 − **0,8**= 539,2

b)

16,6
168,6
17,7
178,7
15,4
158,4

Page 19

6.

a) 5 335 + 3 775 = 9 110
7 890 + 789 = 8 679
4 054 + 2 923 = 6 977
6 772 − 2 143 = 4 629
3 246 − 2 123 = 1 123
7 834 − 1 246 = 6 588

b) 242,6 + 14,8 = 257,4
659,9 + 4,7 = 664,6
325,6 + 46,8 = 372,4
321 − 0,7 = 320,3
990 − 3,4 = 986,6
800 − 1,2 = 798,8

7.

Voici comment assembler les cartes du jeu de dominos. La première et la dernière carte s'assemblent également.

9,8	4,7	5,3	3,6	6,4	1,2	8,8	9,9
0,1	0,4	9,6	4,5	5,5	9,7	0,3	5,2
4,8	1,7	8,3	7,6	2,4	6,3	3,7	4,9
5,1	3,3	6,7	2,8	7,2	1,1	8,9	0,5
9,5	8,1	1,9	8,6	1,4	4,4	5,6	0,2

Page 20

8.

a) 7 825

b) Permuter 4 et 9, 4 et 8, 6 et3, 6 et 9, 6 et 8, 2 et1, 2 et 8, 7 et 3, ou 7 et 1.

c) Permuter 4 et 1, 2 et 3, ou 7 et 9.

d) Permuter deux chiffres d'un même rang (par exemple, permuter les chiffres des unités).

e) Exemple : 6 247 + 3 981 = 10 229

Page 21

9.

a) 782,5

b) Exemple : 674,2 + 398,1 = 1 072,3

c) Permuter 9 et 4 ou 8 et 3.

d) Permuter 6 et 9.

10.

Résultats : 2 723 ; 627,8 ; 6 200,2

11.

Nombres manquants : 4 289 ; 1 521 ; 1 239

Page 22

12.

a) 5 217

b) Permuter 7 et 9, 7 et 8, 6 et 9, 6 et 8, 1 et 2, 1 et 3, 1 et 9, 1 et 8, 5 et 9, ou 5 et 8.

c) Permuter 7 et 3, 6 et 2, 6 et 3, 5 et 2, ou 5 et 3.

d) Le 3 et le 2 (dans le 2e nombre).

e) Plusieurs solutions sont possibles.
Exemple : 9 832 − 6 751

f) Plusieurs solutions sont possibles.
Exemple : 5 267 − 3 189

Page 23

13.

a) 521,7

b) Permuter le 7 et le 9.

c) Plusieurs solutions sont possibles.
Exemple : 765,1 − 238,9

d) Plusieurs solutions sont possibles.
Exemple : 516,7 − 329,8

14.

Résultats : 4 536 et 46,4

15.

231 − 114 = 117
347,7 − 218 = 129,7

Page 24

16.

742	561	856
− 247	− 165	− 658
495	396	198
495	396	198
+ 594	+ 693	+ 891
1 089	1 089	1 089

On obtient toujours 1 089.

17.

Tous les résultats des opérations doivent être 1 089.

Page 25

1.

150	1 500	15 000
1 280	12 800	128 000
6	60	600
25	250	2 500

2.

720 ; 7 200 ; 72 000

3.

3 720	384
37 200	3 840
372 000	38 400

4.

18 000 €

Page 26

5.

230	23	2,3
450	45	4,5
1 280	128	12,8
990	99	9,9
60	6	0,6
25	2,5	0,25

6.

80 ; 8 ; 0,8

7.

6 300 : 70 = 6 300 : **10** : **7** = **90**
6 300 : 700 = **9**
56 000 : 80 = 56 000 : **10** : **8** = **700**
56 000 : 8 000 = **7**
4 800 : 60 = 4 800 : **10** : **6** = **80**
4 800 : 600 = **8**
3 500 : 70 = 3 500 : **10** : **7** = **50**
3 500 : 700 = **5**

Page 27

8.

117	(10 x 27) − 27 = 243
(10 x 17) − 17 = 153	(10 x 76) − 76 = 684
(10 x 124) − 124 = 1 116	(10 x 236) − 236 = 2 124
(10 x 65) − 65 = 585	(10 x 999) − 999 = 8 991

9.

1 287	(100 x 27) − 27 = 2 673
(100 x 17) − 17 = 1 683	(100 x 76) − 76 = 7 524
(100 x 124) − 124 = 12 276	(100 x 236) − 236 = 23 364
(100 x 65) − 65 = 6 435	(100 x 999) − 999 = 98 901

10.

247	(20 x 27) − 27 = 513
(20 x 17) − 17 = 323	(20 x 76) − 76 = 1 444
(20 x 124) − 124 = 2 356	(20 x 236) − 236 = 4 484
(20 x 65) − 65 = 1 235	(20 x 999) − 999 = 18 981

11.

J'ajoute trois zéros à la suite du nombre.

12.

999 x 45 = (1 000 x 45) − 45
= 45 000 − 45 = 44 955

Page 28

13.

42	420	4 200
420	4,2	4 200

14.

800 x 9
80 x **9**
8 x 9 — 80 x 90
0,8 x 9 — 8 x 90
0,8 x 90 — 8 x **900**
0,8 x 900
0,8 x **9 000**

7,2	7 200	72 000
72	72 000	7 200

Page 29

15.

60	60	104
600	600	1 040
6 000	6 000	10 400
60	60	104
6	6	10,4

16.

16	12	8
160	120	80
160	120	8
1,6	1,2	0,8
1,6	12	800

17.

100	1 000 000	10 000

Page 30

18.

10 920	1 092	109,2
21 840	2 184	218,4

Les résultats comportent les mêmes chiffres, mais les réponses sont différentes.

19.

Les résultats sont : 6 534 ; 7 623 ; 8 712 ; 9 801

La somme des chiffres des résultats est à chaque fois égale à 18.

Page 31

20.

5 535 ; 14 445 ; 17 334 ; 16 848 ; 14 735 ; 22 843

Le plus grand résultat : 431 x 53 = 22 843

21.

3 052

8 720

22.

2 058	22 638
5 058	55 638
65 058	715 638

Page 32

23.

4896	12
48	408
09	
00	
96	
96	
0	

4896	24
48	204
09	
00	
96	
96	
0	

24.

546	26
52	21
26	
26	
0	

9075	15
90	605
07	
00	
75	
75	
0	

22428	42
210	534
142	
126	
168	
168	
0	

25.

2499	12
24	208
09	
09	
99	
96	
3	

42627	18
36	2368
66	
54	
122	
108	
147	
144	
3	

Page 33

Rouge
5 x 250,1
2 501 : 2
1 300 – 49,5
1 241,5 + 9

Marron
2 000,1 + 0,2
1 500 + 500,3
8 001,2 : 4

Jaune
27 x 50
2 000 – 650
10 000 – 8 650
1 200 + 150

Orange
10 500 : 5
3 000 – 900

Vert
1 600 + 0,8
4 802,4 : 3
2 000 – 399,2
4 x 400,2
1 601 – 0,2

Bleu
60 x 30
9 000 : 5
1 700 + 100
100 000 – 98 200

Corrigé

Page 34

1.

	A	B	C	D	E
1	3	9	9	9	■
2	■	■	2	4	8
3	9	9	9	■	1
4	4	5	0	5	■
5	9	■	■	5	0

2.
Le nombre mystère est 884.

Page 35

1.

5 000	2 000	1 500
1 500	3 000	100
500	1 000	5 000

2.

Départ				
2 000	4 000			
	3 000	28 000		
		6 000	9 000	1 600
				Arrivée

Page 36

1.
Vrai ; vrai ; faux ; faux
On peut permuter les nombres et obtenir une égalité pour les deux opérations suivantes : **addition** et **multiplication**.

2.
(476 + 324) + (573 + 627)
(465 + 335) + (558 + 642)
(40 x 2,5) x (19 x 8)
(4 x 25) x (7 x 28)

Page 37

3.
(100 x 72) − (2 x 72)
(100 x 470) + (2 x 470)
(5 x 5 000) − (5 x 1)
9 x 1 408

4.
(600 : 3) + (120 : 3) + (6 : 3)
(1 800 : 9) + (180 : 9)
(72 000 : 8) − (8 : 8)

5.

2 500 + 1 255	162 x 100
2 455 + 1 300	324 x 50
2 500 − 1 305	3 200 : 50
2 495 − 1 300	6 400 : 100

Page 38

1.

Problème a
Schéma 3

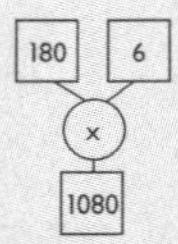

Problème b
Schéma 5

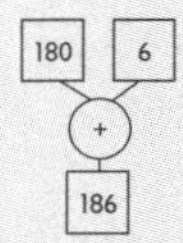

Problème c
Schéma 2

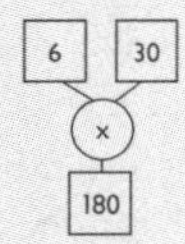

Problème d
Schéma 4

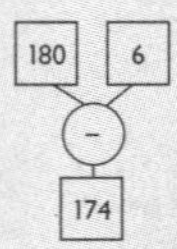

Problème e
Schéma 1

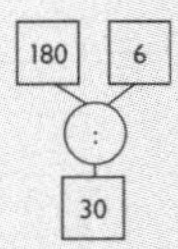

Page 39

2.

a)

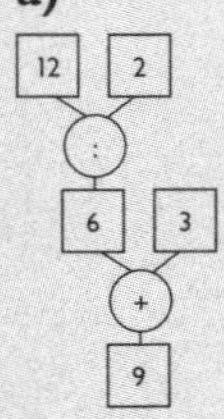

b)

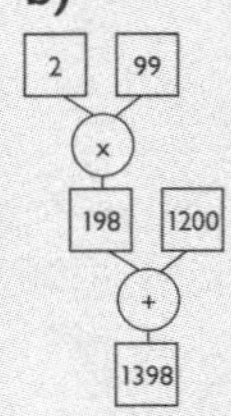

c)

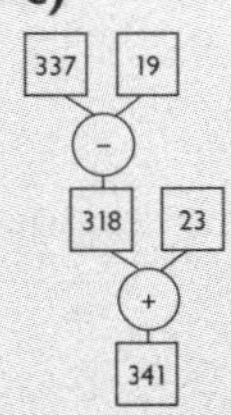

Découpe les cartes du jeu de dominos sur les traits plus foncés. Le jeu de dominos consiste à associer des cartes pour que les cases qui se touchent forment une paire. Dans ce jeu-ci, tu dois mettre côte à côte les cases qui forment le nombre 10 quand on les additionne. Les paires doivent donc toutes être égales à 10.

5,1	3,3	7,2	1,1	6,4	1,2	0,1	0,4
8,8	9,9	9,6	4,5	5,5	9,7	0,3	5,2
5,3	3,6	8,3	7,6	5,6	0,2	9,5	8,1
9,8	4,7	1,9	8,6	4,8	1,7	8,9	0,5
3,7	4,9	6,7	2,8	1,4	4,4	2,4	6,3